もくじ

序　章　　スポーツバイオメカニクスとは

1．スポーツを「科学する」とは？

1）スポーツ科学の目的

個人的な経験や体験を超えて、スポーツの普遍的な一般法則を " 知 " として見つけ出すと共に、
それを応用・活用して、人類の幸福を目指すこと！

2）スポーツの経験知と科学知

経験知　→　個人的な経験や体験に基づく " 知 "　［私だけの理論］
科学知　→普遍的な一般法則としての " 知 "　　　［みんなの法則］

3）体育・スポーツ科学の特殊性

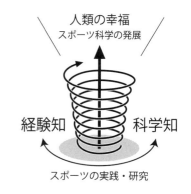

2．身体運動を " 科学する " スポーツバイオメカニクス

1）スポーツバイオメカニクスとは

スポーツ バイオメカニクス［Sports Biomechanics］とは、
力学、生理学、解剖学の基礎知識を活用して、身体運動のしくみを理解するための応用科学

2）三つの観点と方法論

① キネマティクス（運動学）kinematics
　　身体部位の位置の変化や形に注目し、力学量を用いないで運動を記述する方法

② キネティクス（運動力学）kinetics
　　身体あるいは身体内部に作用する力に注目し、運動発現のメカニズムを探る方法

③ エナジェティクス（エネルギー論）energetics
　　身体運動という仕事が生理的エネルギーから機械的エネルギーに変換される過程に注目し、
　　運動の効率などを考える方法

3）スポーツ バイオメカニクスの目的

① **運動の記述** ———————— 人の動きがどうなっているのか？

② **運動の原因の説明** ——— なぜ、そのような動きになるのか？
　　　　　　　　　　　　　　その時、どんな筋力や外力が働いているのか？

③ **運動の改善や最適化** ——— どのようにしたら上手くできるのか、良くなるか？

④ **運動の創造** ———————— こんな動きはできないか、こんなことはできないか

［文献D］

4）スポーツバイオメカニクスに直接関係する基礎知識と応用領域

スポーツ・バイオメカニクスは「Why」の疑問に挑戦する科学であるが、下図のようにその成果が、どう指導するかの「How」に役立つことも多い実学である。

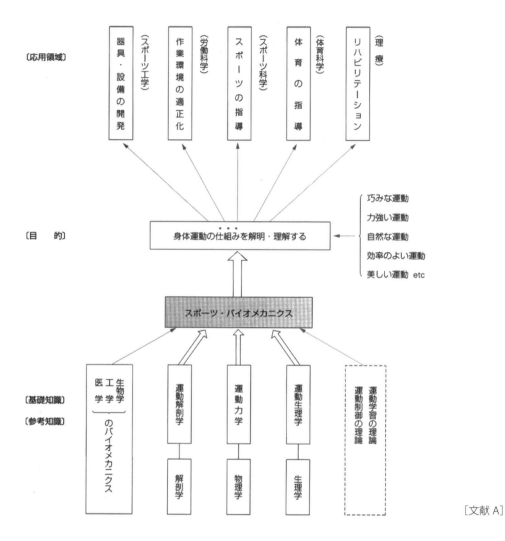

［文献 A］

5）近接領域の視点とアプローチ

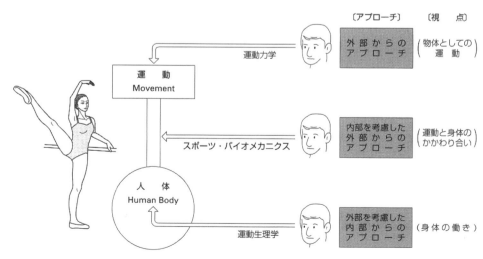

［文献 A］

運動行動の概念

以下の用語を正しく使い分けられますか？

・**運動 movement**　→　姿勢の連続的変化，物理量

・**動作 motion**　→　一連の具体的な課題や仕事

・**行為 action**　→　社会的文化的背景や意図に関連する所作

第1章　　身体運動を記述するための基礎知識

1．身体の区分と部位

図の区分、部位を名称を漢字で書きなさい。

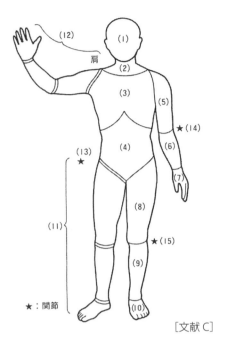

［文献 C］

1．頭	10．足
2．頸	11．下肢（脚）
3．胸	12．上肢（腕）
4．腹	13．股関節
5．上腕	14．肘関節
6．前腕	15．膝関節
7．手	
8．大腿	
9．下腿	

2．身体の面と軸

図の 3 つの運動面、3 つの運動軸の名称を漢字で書きなさい。

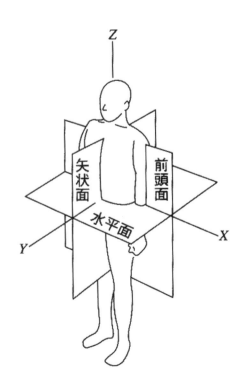

面 A：　矢状面（しじょう - めん）

身体を左右に二分する垂直面

面 B：　前頭面（ぜんとう - めん）

身体を前後に二分する垂直面

面 C：　水平面（すいへい - めん）

身体を上下に二分する面

軸 a：　垂直軸（すいちょく - じく）

垂直方向の軸で、運動面は面 C　【Z 軸】

軸 b：　水平矢状軸（すいへいしじょう - じく）

前後方向の軸で、運動面は面 B　【Y 軸】

軸 c：　水平前頭軸（すいへいぜんとう - じく）

左右方向の軸で、運動面は面 A　【X 軸】

第1章
学びガイド

身体運動は複雑です。特にスポーツ運動中の素早い動きを理解することは非常に難しいことですが、一流のアスリートや指導者は優れた観察力・洞察力でその一瞬の出来事を見抜くことができると言われています。しかし、その動きを科学的に伝達するためには万国共通の言語が必要なのです。この章ではスポーツバイオメカニクスの基礎知識として、身体運動を記述するための共通言語、すなわち、身体の区分と部位、運動の面と軸、代表的な関節運動の名称などを学びます。覚えることばかりですが、ここからがスタートです。

3．関節運動

図をみて、関節運動の名称を漢字で書きなさい。

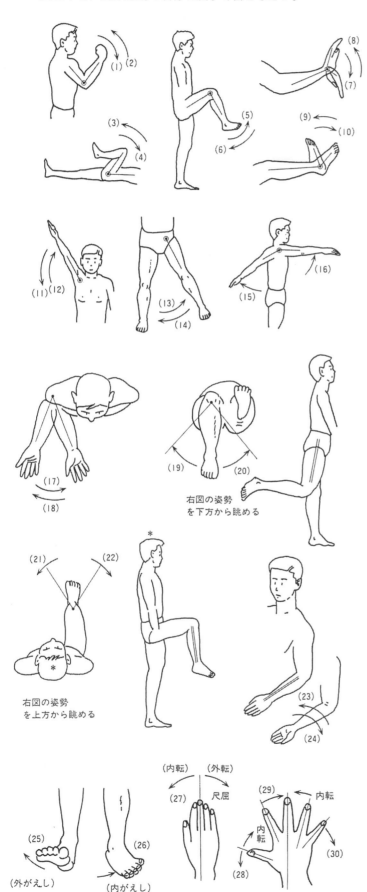

▼ 関節を中心（中心点◎）にして骨の長軸が、時計の針のように回転する運動

1. 伸展	9. 背屈
2. 屈曲	10. 底屈
3. 伸展	11. 内転
4. 屈曲	12. 外転
5. 伸展	13. 外転
6. 屈曲	14. 内転
7. 掌屈	15. 伸展
8. 背屈	16. 屈曲

▼ 骨が自身の長軸（図中の ——）を中心とした棒状の回転運動

17. 内旋	21. 内旋
18. 外旋	22. 外旋
19. 内旋	23. 回内
20. 外旋	24. 回外

※ 21.22 の下腿の運動は、23.24 の前腕の運動と異なる名称であることに注意

▼ その他の特殊な運動：図中の（　）内は別名

25. 外反（回内）	28. 外転
26. 内反（回外）	29. 内転
27. 橈屈	30. 外転

［文献 C］

4．身体部分を規定する計測点

図をみて、身体の計測点 1 ～ 13 の名称を書きなさい。

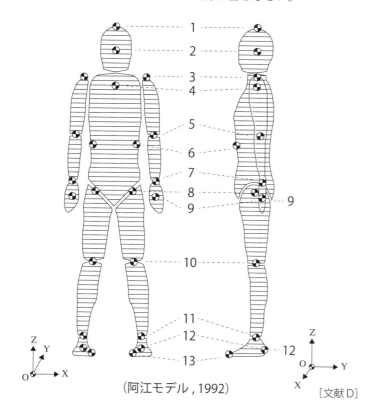

（阿江モデル , 1992）　　　　［文献 D］

1.　頭頂 _____

2.　両耳珠点の中心 _____

3.　肩峰 _____

4.　胸骨上縁 _____

5.　肘関節中心 _____

6.　肋骨下端 _____

7.　手関節中心 _____

8.　大転子 _____

9.　第三中手指節関節 _____

10.　膝関節中心 _____

11.　足関節中心 _____

12.　踵骨隆起 _____

13.　つま先 _____

<参考> 日本人アスリートの身体部分慣性係数（阿江ら ,1992）

部分	男子（n = 215）					女子（n = 80）				
	質量比 (%)	質量中心比 (%)	回転半径比			質量比 (%)	質量中心比 (%)	回転半径比		
			kx (%)	ky (%)	kz (%)			kx (%)	ky (%)	kz (%)
頭部	*6.9 (0.7)	*82.1 (4.1)	*47.9 (2.2)	*45.4 (2.1)	*36.3 (1.9)	7.5 (0.9)	75.9 (5.2)	45.1 (2.8)	42.6 (2.4)	35.0 (2.5)
胴体	*48.9 (2.2)	*49.3a (1.6)	*34.6 (0.8)	35.7 (0.8)	*16.7 (0.9)	45.7 (2.5)	50.6a (1.8)	34.3 (0.9)	35.5 (0.9)	17.0 (0.8)
上腕	*2.7 (0.3)	52.9 (1.8)	*26.2 (0.7)	*25.7 (0.7)	10.7 (1.0)	2.6 (0.2)	52.3 (1.7)	26.5 (0.9)	26.0 (0.9)	10.7 (0.9)
前腕	*1.6 (0.2)	*41.5 (2.0)	*27.9 (1.1)	27.7 (1.0)	*11.5 (1.2)	1.5 (0.1)	42.3 (2.2)	27.7 (1.1)	27.5 (1.0)	12.2 (1.2)
手	0.6 (0.1)	89.1 (10.8)	51.9 (6.4)	57.1 (7.0)	31.4 (4.5)	0.6 (0.1)	90.8 (10.2)	52.7 (5.9)	57.3 (6.6)	30.3 (4.6)
大腿	*11.0 (0.8)	*47.5 (1.8)	*27.8 (0.9)	*27.0 (0.9)	*15.2 (0.9)	12.3 (0.9)	45.8 (2.4)	28.5 (1.2)	27.8 (1.1)	15.7 (1.5)
下腿	*5.1 (0.4)	40.6 (1.5)	27.4 (0.9)	27.1 (0.9)	*9.7 (0.6)	5.3 (0.4)	41.0 (1.5)	27.5 (1.0)	27.2 (0.9)	10.2 (0.7)
足	1.1 (0.2)	59.5b (2.6)	20.4 (3.0)	9.9 (1.3)	20.9 (3.1)	1.1 (0.2)	59.4b (2.4)	21.7 (2.6)	10.2 (1.3)	22.2 (2.7)
上胴	*30.2 (1.8)	*42.8c (2.0)	35.0 (1.2)	38.1 (1.5)	*26.6 (1.8)	26.7 (1.8)	43.8c (1.9)	34.9 (1.1)	38.0 (1.4)	27.3 (1.9)
下胴	18.7 (1.5)	60.9d (3.0)	*42.5 (2.7)	47.3 (3.0)	43.5 (3.8)	19.0 (1.8)	59.7d (4.5)	41.1 (2.8)	47.1 (3.1)	44.0 (3.7)

（　）内の数値は標準値を，＊は，男女間の有意差（1%）を示す．a は胸骨上縁から，b は足先から，c は胸骨上縁から肋骨下端の中点，d は肋骨下端の中点から大転子の中点までを示す．部分質量は身体質量に対する比，質量中心比は部分長に対する中枢端からの比，回転半径は部分長に対する比である．詳細な推定係数については，J. J. Sports Sc. 15 (3)：155-162 (1996) を参照．

［文献 D］

1．身体運動に関与する4つの力

身体の姿勢や運動は以下の4つの力の相互関係で規制される。
したがって、身体運動では一般的な物理学の法則が成り立ち、力学の原理が応用される。

① 重　力

地球上に存在するものはすべて地球の引力である重力の影響を受ける。
重力は地球の中心に向かい、垂直方向に作用する。

② 外部抵抗力

重力以外の外力のすべてが外部抵抗力である。他人から与えられる力、
地面からの反作用力、荷物の加重、風力などがある。

③ 摩擦力

二つの物体が接触している際に、その接触面に平行な方向に働く力である。
歩行時の床と足底の間との摩擦力などがある。

④ 筋収縮で発揮される張力

運動を起こす直接の内的機動力は筋収縮によって生じる張力である。

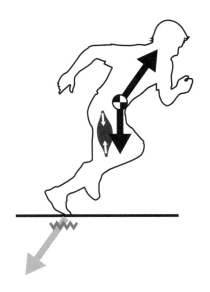

2．身体重心

身体の各部分に作用する重力（gravity）を一つにまとめた合力の作用点を身体重心と呼ぶ。
身体重心の英語訳は［　center of gravity　］であり、［　CG　］と略される。

身体重心は身体運動を分析する際の基礎的情報を与えてくれる全身の運動を表す 代表点 である。
　　例えば、　・地面反力と身体重心の加速度は比例関係にある！
　　　　　　　（つまり、地面反力がわかれば、身体重心の運動を求めることができる！）
　　　　　　・空気抵抗を無視すると、空中ではどのような姿勢をとろうとも身体重心は放物線を描く！
　　　　　　・バランスが取れて静止した姿勢の時の身体重心は必ず支持面（基底面）の上にある！

また、身体重心位置は姿勢によって変化する。動きが大きいほど、動かす部位の質量が大きいほど身体重心位置は大きく動く。
なお、身体重心の位置は身体内にあるとは限らない。

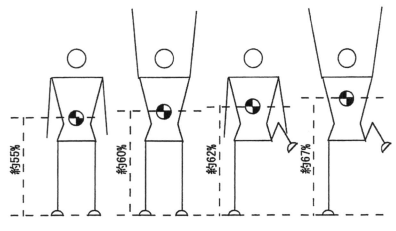

姿勢の変化と身体重心位置の変化　［文献 A］

第2章
学びガイド

身体運動を理解するためには避けて通れないのが物理学。スポーツバイオメカニクスでもたびたび登場します。物体の動きや振る舞いを説明するのに大変都合が良い古典力学はスポーツを学ぶ上でもとても重要です。この章ではスポーツバイオメカニクスに関連する力学のほんの入り口に皆さんを招待します。ここではまず「重心」に焦点をあてます。スポーツ動作中の身体のフォームや姿形を語らずに運動を説明するには「重心」を理解することから始めましょう。その後に力学の基礎、物体の並進運動や回転運動について概説します。

関連知識
覚えておこう！

重力の大きさは質量に比例し、その比例係数を重力加速度と呼ぶ。
地球上の重力加速度の標準値は、9.80665m/s2 と定めてられている。

3．身体運動と身体重心

身体運動中の身体重心位置の変化を見てみよう。
空中局面では身体をどのように動かしても身体重心はきれいな放物線を描く！

① 跳馬における動作と身体重心の変化　　(Nelson et al., 1985)

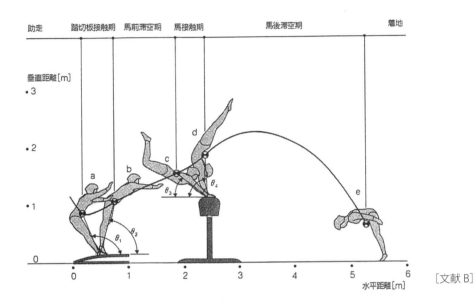

［文献 B］

② 背面跳びの連続図と重心軌跡　　(Hay, 1973)

［文献 B］

③ 跳躍フォームと重心高　　(Hay, 1973；Dyson, 1977)

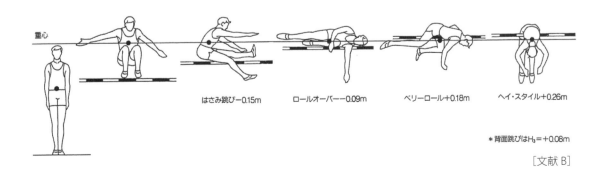

［文献 B］

4. 姿勢の安定性と身体重心

静止した物体はそのまま止まろうとする性質を持つが、身体の姿勢の安定性について考える。
一般に、物体がより一層安定する条件は次の3つである。

＜安定性の3条件＞

① 基底面が広い

基底面とは、支持面の大きさのこと。
基底面が広いと重心線（点）が多少移動しても、
重心線（点）が基底面内に落ちるので倒れにくい。
したがって、安定性は .....

片足立ち ＜ 両足立ち ＜ 座位 ＜ 臥位

② 重心が低い

基底面の面積が同じであっても、
重心が低いと倒れにくい。
重心位置が低いとより大きく傾いても倒れない。

② 重い

同じ基底面、同じ重心高なら、重いものほど倒れにくい。

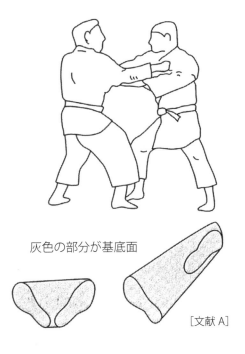

灰色の部分が基底面

［文献 A］

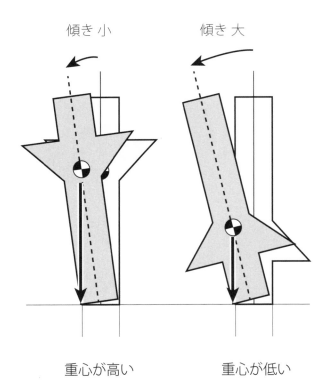

傾き 小　　　　傾き 大

重心が高い　　　　重心が低い

［文献 A］改変

G

だから、片手倒立は難しい！

［文献 A］

関連知識
考えてみよう！

スポーツの指導でよく「腰を落とせ！」と言います。確かに重心位置が低くなって安定しますが、安定する＝動きにくい。動きにくいっていいことなのでしょうか？　素早く動きたい時はどうしたら良いでしょうか？

5．直接法による身体重心位置の計測

身体重心の位置は体型や体格によって微妙に異なり、個人差がある。

重心板法（秋田法）を使用して、実際に身体重心の位置を測定してみよう。

今回は重心位置を「比重心高」で表す。

比重心高とは足底から重心までの距離〔重心高〕を身長に対する割合で表したものである。

（ちなみに、日本人の平均比重心高は男性 55.5%、女性 54.8% といわれている。）

＜重心高の求め方＞

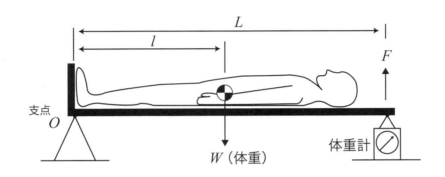

支点 O から体重計までの長さ	L	：	190cm
体重計に表示された数値	F	：	◻ kg　（板の重さはのぞく）
支点 O から求めたい身体重心までの長さ	l	：	◻ cm　★重心高
寝ている人の実際の体重	W	：	◻ kg　（事前に測っておく）

この４つの数値のうち

$l \times W$ と $L \times F$ は次の釣り合いの状態にあるから、力のモーメントは等しい！

つまり、　　　　　$l \times W = L \times F$

したがって、　　　[重心高 l] ＝ （ $L \times F$ ）÷ W

＜比重心高の求め方＞

比重心高　＝　　[重心高 l] ÷ 身長（cm）× 100

▼ 授業中に行う実験の値を用いて、実際に比重心高を求めてみよう！

▼ 手や脚を挙げたりすると体重計の数値はどう変化する？

[補足説明]　重心板法で重心高がわかる原理

"釣り合い" と "力のモーメント"

静止状態であるということは、力のモーメントが釣り合っているということ。

下図のように考えてみると納得できますか？（実際には一人です。）

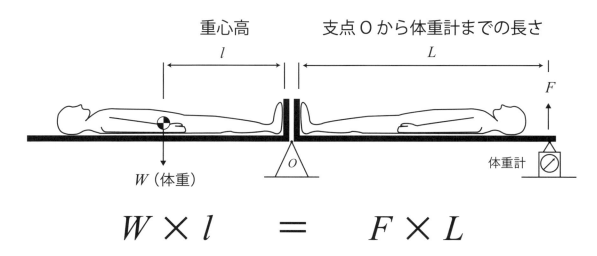

$$W \times l \quad = \quad F \times L$$

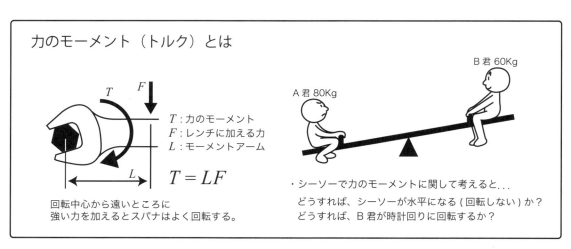

力のモーメント（トルク）とは

T：力のモーメント
F：レンチに加える力
L：モーメントアーム

$$T = LF$$

回転中心から遠いところに
強い力を加えるとスパナはよく回転する。

A君 80Kg　　B君 60Kg

・シーソーで力のモーメントに関して考えると...

どうすれば、シーソーが水平になる（回転しない）か？
どうすれば、B君が時計回りに回転するか？

[参考]　その他の直接法：つり下げ法 による身体重心の求め方

　段ボールや鉄板などの様に密度が均一ならば、糸でつり下げて調べる事ができる。

　右図のように異なった2点でつり下げ、その鉛直線が交わった点が重心となる。しかし、身体など密度が均一でない場合にはこの方法は妥当性は低い。

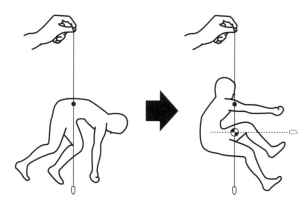

［文献 A］

6．間接法による身体合成重心位置の算出

直接法による身体重心位置の計測は静止状態に限られる。ここでは写真や映像を切り取った静止画を元に間接法による身体重心位置の算出方法について説明する。間接法は作図法とも呼ばれ、身体を剛体のリンクモデルとして扱いあらかじめ計測（推定）されている身体各部の部分質量や内分質量比によって各部位の重心位置さらには全身の身体合成重心位置を求める方法である。本書では古くから用いれれる簡便な松井モデルを使用して、提示する課題を通して学習する。

1）松井モデルを用いた身体合成重心の推定方法

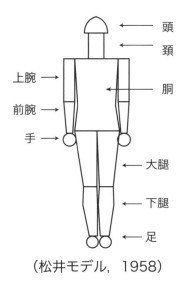

（松井モデル，1958）

［文献D］

表1　部分重心位置

部位	男子	女子
頭	0.63	0.63
頚	0.50	0.50
胴	0.52	0.52
上腕	0.46	0.46
前腕	0.41	0.42
手	0.50	0.50
大腿	0.42	0.42
下腿	0.41	0.42
足	0.50	0.50

表2　部分重心間の内分質量比

部位		男子	女子
手 → 前腕		0.36	0.32
前腕＋手 → 上腕		0.46	0.43
足 → 下腿		0.26	0.23
下腿＋足 → 大腿		0.42	0.38
頭 → 頚		0.43	0.41
頭部 → 胴		0.86	0.89
頭部＋胴 → 下肢		0.38	0.40
頭部＋胴＋下肢 → 上肢		0.10	0.09

※各値は中枢端（身体の中心部分に近い方）からの比を示す.

例）下肢の合成重心の求め方

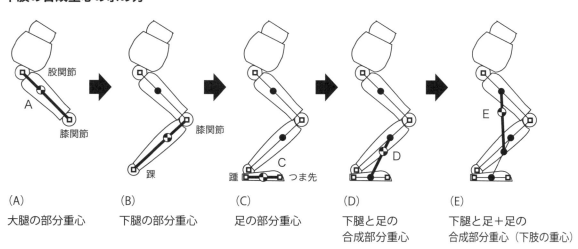

（A）
大腿の部分重心

（B）
下腿の部分重心

（C）
足の部分重心

（D）
下腿と足の
合成部分重心

（E）
下腿と足＋足の
合成部分重心（下肢の重心）

2）身体合成重心を求めるための具体的手順

身体計測点 ●　　部分重心 ○　　複数部分の合成重心 □★　　身体合成重心 CG ◑

① 上肢の合成重心を求める

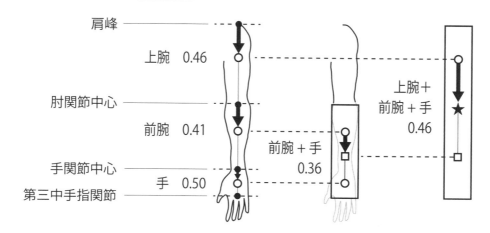

② 下肢の合成重心を求める

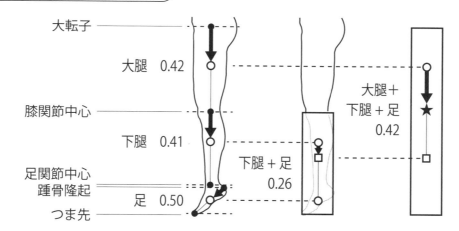

③ 頭部＋胴の合成重心を求める

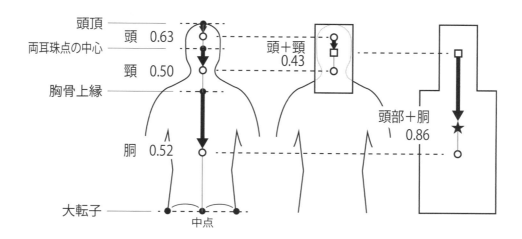

④［下肢］と［頭部＋胴］の合成重心をを求める

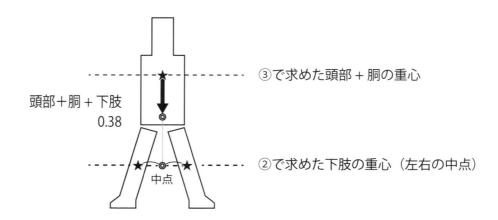

③で求めた頭部＋胴の重心

頭部＋胴＋下肢
0.38

中点

②で求めた下肢の重心（左右の中点）

⑤［下肢＋頭部＋胴］と［上肢］の合成重心をを求める

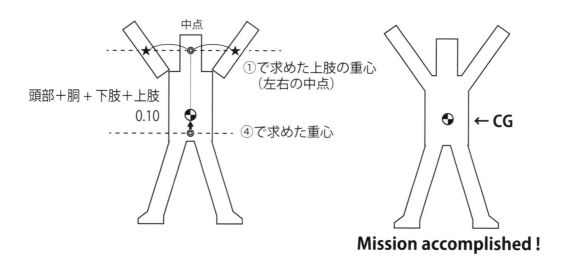

中点

①で求めた上肢の重心
（左右の中点）

頭部＋胴＋下肢＋上肢
0.10

④で求めた重心

← CG

Mission accomplished !

POINT !

・数値は男性の身体各部位の部分質量比もしくは部分重心間の内分質量比を表す。

・それぞれの数値は「比」で、求めたい線分長を1とした時の値である。

・本図では身体中枢端の計測点からの矢印が指す位置（長さ）が重心位置である。

・胴の下部は左右の大転子を結ぶ線分の中点である。

・左右の腕の部分重心を結ぶ線分の中点を上肢の合成重心、左右の脚の部分重心を
　結ぶ線分の中点を下肢の合成重心とする。

・①上肢と②下肢の部分重心はどちらを先に求めても構わないが、［頭部＋胴］
　と合成する際には、手順④と手順⑤の順番で行わなければならない。

・図ではわかりやすくするために各関節は伸展位であるが、関節が屈曲しても
　算出方法に変わりはない。

［課題例］ 間接法を使って身体合成重心を求めてみよう。

実際の授業では一人ひとり異なる画の課題を配って、「後方宙返り」のパラパラ漫画を完成させます！

身体合成重心を求めて、⊕マークを記入しましょう。

身体合成重心の座標値は？

X：_____ m ， Y：_____ m

Frame No. 029

● 計測点　○ 仮想点

撮影速度：80fps

シャッター速度：1/80sec.

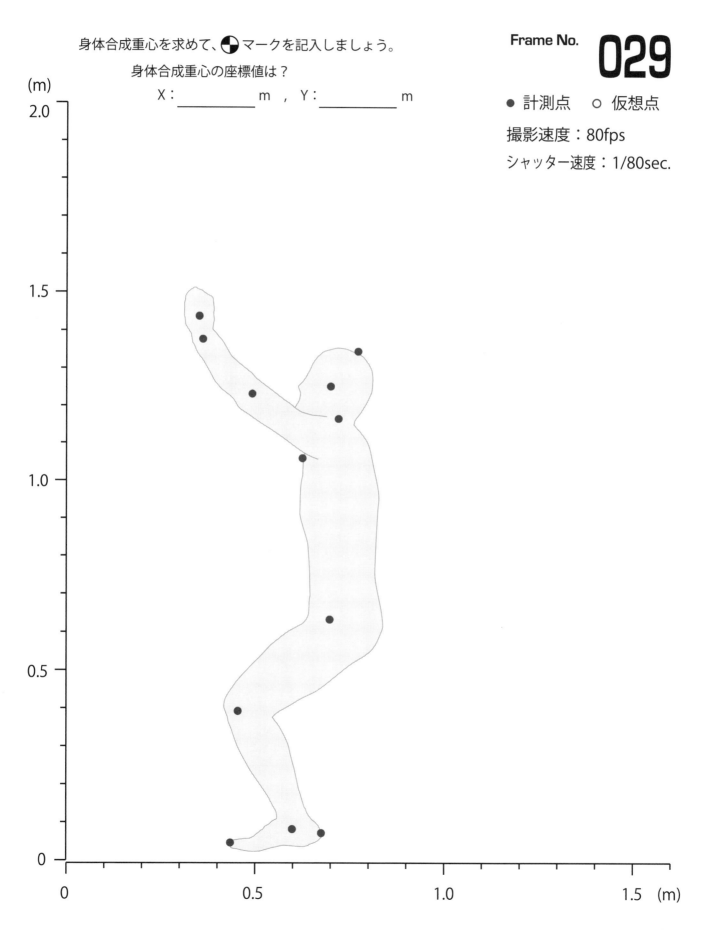

7．力学の基礎

1）力学で扱う対象

複雑な身体運動の力学的な分析を行うためには、分析対象を整理しておく必要がある。主な対象を以下に示す。

表　力学で扱う対象　　　［文献G］

	質点	質点系	剛体	剛体系
イメージ	○ （本当は大きさがないため描けない）	（個々の質点は大きさがないため本当は描けない		
特徴	質量のみの仮想的な点	複数の質点が相互に作用し合う系（システム	大きさを持つ物体	複数の剛体が相互に作用し合う系　システム）
対象個数	単体	複数	単体	複数
形状変化	大きさを考慮しないため，変形もしない	質点間の距離が変わることで変形する	剛体そのものは変形しない	剛体そのものは変形しないが　相互位置が変わることで系全体は変形する
運動パラメータ	質点の位置のみ	各質点の位置，系全体の重心位置，など	剛体の重心位置，姿勢（角度）　速度，角速度，など	各剛体の重心位置，各剛体の姿勢（角度）系全体の重心位置，速度，など
慣性パラメータ	質量	質量，質量中心（重心）	質量，慣性モーメント質量中心比，など	質量，慣性モーメント質量中心比，など

2）身体の力学モデル

全身の身体運動を考える場合、身体のつま先から指先まで詳細に分析することは現実的ではない。そこで、身体を簡便なかたちにモデル化して分析することが一般的である。以下に代表的なモデル化の例を示す。

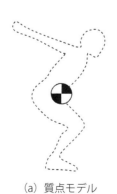

（a）質点モデル

重心の動きのみを扱う。

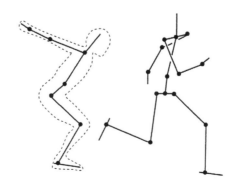

（b）剛体リンクモデル

全身二次元モデルと三次元モデルの例
身体部分の動きも考慮する。

（c）筋骨格モデル

下肢二次元モデルの例
筋力も考慮する。

［文献G］

3）運動の形態（並進運動、回転運動、一般運動）

身体運動は関節を中心として身体部分が回転することによって複雑な運動を行なっている。
物体の運動は以下のように分類でき、それぞれに分けて考えることで分析や考察が容易になる。

並進運動　→　物体（剛体）を構成するすべての点が同じ時間内に同じ方向に平行移動するような運動
　　　　　　　直線運動（a）と曲線運動（b）がある。

回転運動　→　物体（剛体）を構成するすべての点が同じ時間内に同じ方向に平行移動しない運動、
　　　　　　　つまり、剛体の姿勢（方向）が一定でない運動　（c）

一般運動　→　物体（剛体）を構成するすべての点が同じ時間内に回転しながら移動する運動　（d）

(a) 直線上の並進運動（直線運動）物体上のすべての点が，同じ時間内に同じ方向に平行かつ直線的に移動する

(b) 曲線上の並進運動（曲線運動）物体上のすべての点が，同じ時間内に同じ方向に平行かつ曲線的に移動する

(c) 純粋な回転運動質量中心が動かない

(d) 一般的な平面運動（並進と回転の合成）質量中心が動く

［文献G］

4）キネマティクス変量とキネティクス変量

キネマティクス変量　→　身体運動の状態を表すパラメータ
　重心位置、速度、関節角度、関節角速度、ピッチ、ストライドなど

キネティクス変量　→　身体運動の発生要因（原因）を表すパラメータ
　地面反力、関節トルク、筋力、筋モーメント、運動量、力積、角力積、力学的エネルギー、力学的パワー、力学的仕事など
（参考）力学的エネルギー、力学的パワー、力学的仕事を「エナジェティクス変量」と区別することもある。

［文献G］

		並進運動に関する変数［単位］	回転運動に関する変数［単位］
キネマティクス変量	距離（変位）	距離，変位　$d, h, l, r\ s$ [m]	角変位　θ [rad]　[deg, °]
	位置	位置　x, y, z [m]	角度　θ [rad]　[deg, °]
	位置の変化率（速さ）	速度　v [m/s]	角速度　ω [rad/s]　[deg/s, °/s]
	速さの変化率	加速度　a [m/s²]	角加速度　α [rad/s²]　[deg/s² °/s²]
慣性量		質量　m [kg]	慣性モーメント　I [kg·m²]
キネティクス変量	動きの勢い	運動量　$p = mv$ [kg m/s]	角運動量　$H = I\omega$ [kg·m²/s]
	動きを変化させる量	力　$F = ma$ [N]	力のモーメント　$N = I\alpha\ = rF$) [N m]　トルク　$T = I\alpha$ [N m]
	運動量の変化量	力積　$L = Ft$ [N s]	角力積　$J = Tt$ [N m s]
	エネルギー	並進運動エネルギー $E_t = mV^2/2$ [J]　位置エネルギー　$E_p = mgh$ [J]	回転運動エネルギー　$E_r = I\omega^2/2$ [J]
	エネルギーの変化量	仕事量　$W_t = Fs$ [N m]	仕事量　$W_r = T\theta$ [N m]
	時間あたりの仕事量 仕事率）	並進パワー　$P_t = Fv$ [W]	回転パワー　$P_r = T\omega$ [W]
時間　時刻		時間，時刻　t [s]	

5）ニュートンの運動の三法則

身体も物体であるから、他の物体と同じように、運動する時には力学の法則に従う。ここではイギリスの自然科学者アイザックニュートンが提唱した運動の三法則について説明する。

（1）第一法則（慣性の法則）

ニュートンの運動の第一法則は、力が作用しない物体の運動に関するもので、以下のように書き表される。

「物の外部からその物体へ力が作用しない限り、その物体は運動をしない（静止状態）か、または一定の速度で直線運動（等速度運動）を続ける。」

物体が現在の運動状態（速度）を保とうとする性質を慣性と呼ぶ。上記の運動の第一法則は、物体の慣性について述べたものであるため、慣性の法則と呼ばれる。

電車やバスに乗っていて急ブレーキがかかると進行方向に倒れそうになる。あるいは、急発進の時、進行方向の反対の方向に倒れそうになる。これは身体が同じ速度（後者の場合は速度がゼロの静止状態）を保とうとする慣性によるものである。

並進運動において慣性を表す物理量を質量（慣性質量）と呼ぶ。一般的に質量に用いられる記号は m、単位は〔kg〕である。質量は大きさを持つが方向を持たないので、スカラー量である。質量が小さい物体は簡単に動かせるが、質量が大きい物体を動かすためには大きな力が必要となる。このように並進運動においては、質量が慣性の大きさを決めている。なお、回転運動において慣性を表す物理量を慣性モーメントと呼ぶ。

（2）第二法則（加速度の法則）

ニュートンの運動の第二法則は、力と加速度と質量の関係に関するもので、以下のように書き表される。

「物体の外部からその物体に力が作用した場合に、作用した力と同じ向きに加速度が生じる。加速度の大きさは作用する力の大きさに比例し、物体の質量に反比例する。」

この法則は加速度の法則、運動の変化の法則、運動の法則とも呼ばれ、一般に以下の式で表される。

$F = ma$

ここで F は力、m は質量〔kg〕、a は加速度〔m/s²〕である。力の単位は〔N〕である。この式からわかるように、1N とは質量 1kg の物体に 1 m/s² の加速度を生じさせる力の大きさのことである。この式をニュートンの運動方程式と呼ぶ。

・自分自身が地球の重力によって引っ張られる力を考えてみよう。
ヒント：　質量 1kg の物体が、地球に引っ張られる力は 1kg × 9.8m/s² = 9.8N である。

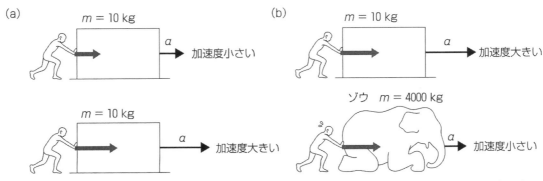

（a）力の大きさは加速度の大きさに比例する．（b）質量（慣性）の小さい物体は加速しやすく，質量（慣性）の大きい物体は加速しにくい．

力と加速度と質量（慣性）の関係　　　　　　　　　［文献 G］

（3）第三法則（作用・反作用の法則）

　ニュートンの運動の第三法則は、二つの物体が作用し合う力に関するもので、以下のように書き表される。

　「二つの物体が互いに力を及ぼし合うとき、一方に作用する力は他方に作用する力と同じ大きさで、その向きは互いに反対である。」

　ランナーが地面の上を走る様子を例にこれを考えると、私たちが前方に進むことができるのは、足が地面を下後方に押すと、その反作用として足が地面から上前方へ押し返されるためである。足が地面を押す力を Fg←r、地面が足を上前方へ推し返す力を Fg→r とすると両者の関係は以下の式で表される。

　Fg←r ＝ Fg→r

　Fg←r と Fg→r のうち、一方を作用と呼べば、他方を反作用と呼べるので、この法則は作用・反作用の法則と呼ばれる。

　・ニュートンの運動の三法則について、日常動作やスポーツにおいて具体的な例を考えてみよう。

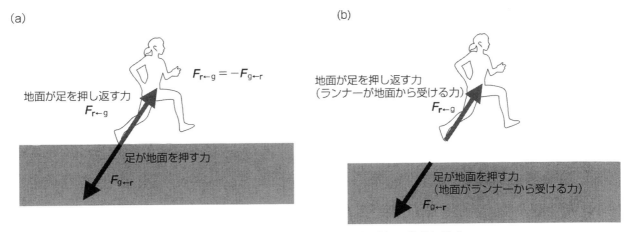

(a)　　　　　　　　　　　　　　　　　　　　　(b)

地面が足を押し返す力
$F_{r \leftarrow g}$
$F_{r \leftarrow g} = -F_{g \leftarrow r}$
足が地面を押す力
$F_{g \leftarrow r}$

地面が足を押し返す力
（ランナーが地面から受ける力）
$F_{r \leftarrow g}$
足が地面を押す力
（地面がランナーから受ける力）
$F_{g \leftarrow r}$

$F_{r \leftarrow g}$ と $F_{g \leftarrow r}$ は同じ物体に働くのではなく，別々の物体に働く．

作用と反作用

［文献 G］

6）力学的エネルギーと仕事

　エネルギーとは何らかの効果（effect）を生ずる能力をいう。何らかの変化を生じているものには必ずエネルギーが介在している。

　物理的な仕事をし得る諸量をエネルギーという。例えば、ある方向に力（F）が働いて、物体（m）をある距離（s）動かしたら、その力は、Fs の仕事をしたという。この仕事は、力学的エネルギー（E）に等しい。

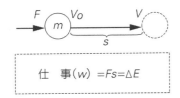

$$仕　事（w）＝Fs＝\Delta E$$

　エネルギーは変換される性質を持つ。力学的エネルギーは、位置エネルギーと運動エネルギーによって成る。位置エネルギー（mgh）は高さに比例し、運動エネルギー（$1/2mv^2$）は速度の2乗に比例する。

　例えば、パンチで物体（m）に v の速度を与える。上昇局面において、m は $1/2mv^2$ の運動エネルギーを使って h の高さに上り、mgh の位置エネルギーを得る。下降局面において、m は mgh のエネルギーを消耗しながら落下し、v の速度、すなわち $1/2mv^2$ の運動エネルギーを得る。運動エネルギーと位置エネルギーは相互に移動するだけで、両者の和は変わらない。

$$Mgh － 1/2mv^2 ＝ 0$$
$$Mgh ＝ 1/2mv^2$$

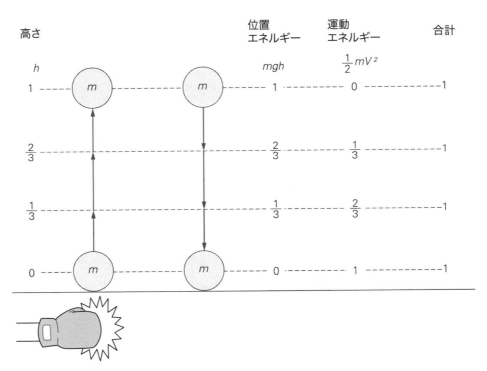

力学的エネルギーの保存　　　　　　　　　　　［文献 A］

7）人体の関節と回転運動

　骨格筋は、関節を跨いで骨につき、テコの作用で力を骨に伝える。すなわち、人体の関節運動は回転運動である。そのため、関節を介して発揮される張力の全体は、関節モーメント、関節トルクと呼ぶのが正しい。筋力は、筋自体が発揮している張力をさす。

　前述した人体の関節におけるテコの多くは、第3種のテコであり、筋自体が大きな力を出しても、手足などの末端に作用する力は著しく小さくなる。一方で、動きに着目すれば、筋のわずかな収縮が、末端の大きな動きを引き起こす。筋骨格系のテコは、第3種のテコが多く、その仕組みは、「力で損をするが、動きで得をする」である。

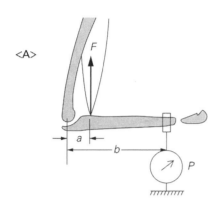

<A>

筋自体が発揮する力は？

$P = 300N, \quad a = 4cm, \quad b = 20cm$

A：釣り合い状態のため，力の能率（$F \cdot a$ と $P \cdot b$）が
　　等しい．

$$Fa = Pb$$

$$F = \frac{a}{b} \cdot P = 1,500N ！$$

（約150kgw）

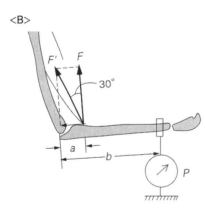

<B>

B：$F = 1,500N$ とする．

$$F' = \frac{F}{cos30°}$$

$$= \frac{1,500}{0.866} ≒ 1,730N$$

（cos30° の真数 = 0.866）

1kgw ≒ 10N.

N（ニュートン）はkgwの約10倍！

関節のテコと筋力（金子・藤原，2020）　［文献A］

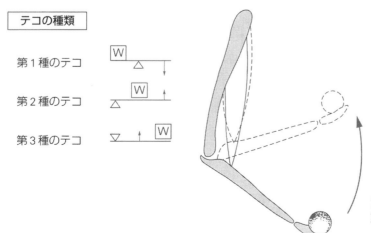

テコの種類

第1種のテコ

第2種のテコ

第3種のテコ

テコの種類（上）と
第3種のテコによる動きの拡大（下）
（金子・藤原，2020）　　　　　　　　　［文献A］

1．映像分析

1）映像を用いた動作分析

　　動作分析　motion analysis　は主に身体運動を撮影した写真や映像から、身体の分析点の位置座標を読み取り、分析点の位置、速度、さらに身体重心、身体部分や関節の角度、角速度を求める手法である。

　　動作分析ではフォースプレートによる力データや筋電図データなどをを組み合わせて、関節に作用する力や関節まわりのモーメントなどの内力を推定することもある。

　　動作分析はアスリートのスポーツ動作を分析するだけでなく、リハビリテーション、各種身体トレーニング、労働支援、ロボット工学などであらゆる運動の分析に用いられる。

2）映像分析の流れ

　　一般的な流れは図の通りである。

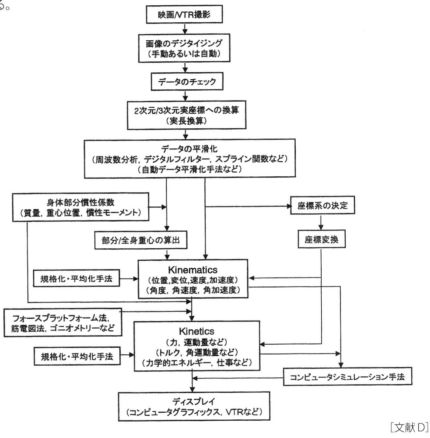

［文献 D］

3）映像分析を用いた研究課題例

　① スキルレベルの異なる被験者間の比較

　② スキルの高い選手の成功・失敗試技の比較

　③ 条件の変化に伴う動きの変化の検討

　④ 統計的手法による各種変数とパフォーマンスの関係の検討（相関分析、多変量解析）

　⑤ よい選手の動きを分類し、その特徴の抽出および力学的検討

　⑥ 実験的試技によるデータの理論的検討

　⑦ シミュレーション手法（物理的、数学的）によおる比較・検討

　⑧ 理論モデル的手法による検討

　⑨ データの規格化や平均化による標準的動作の構築

　⑩ 物理的事実と心理的事実の比較・検討

第 3 章
学びガイド

スポーツバイオメカニクスには様々な研究手法がありますが、その中でも三種の神器と呼ばれる（私達が勝手に呼んでいますw）ハイスピードカメラなどの光学カメラ、筋電計、フォースプレートはよく用いられます。それぞれを単体で使用することももちろんありますが、近年では図のようにそれらを統合・同期してみんな一緒に計測することが一般的になりつつあります。

　この章では各機器の特徴や分かること整理して、スポーツバイオメカニクスの典型的な研究手法を学びます。

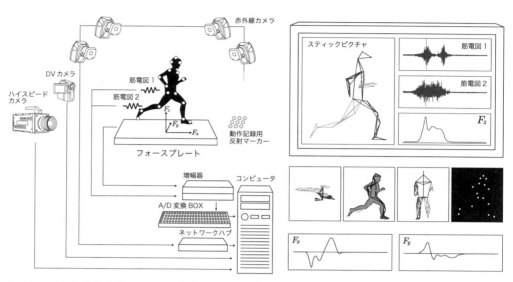

● スポーツバイオメカニクスの典型的研究手法

4）2次元分析と3次元分析

（1）3次元映像分析　three-dimensional [3D] motion analysis

- 3次元動作分析を行なうためには1台のカメラから平面場の情報を得ると同時に"奥行き"のデータを得るために2台以上のカメラを使用する必要がある。

- 主な解析法にはステレオグラム法、直交法、DLT（Direct Linear Transformation）法などがある。

- DLT法はカメラの位置に関して最も柔軟であるという特徴があり、スペースの限られる実験室における撮影やカメラの設置場所が限定される競技会などにも対応できるため、現在最もよく用いられている。

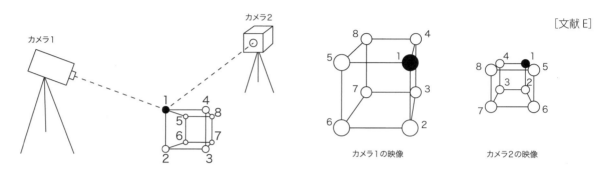

[文献E]

DLT法のイメージ：
　2台以上のカメラの平面的な画像から実空間における3次元座標値（x, y, z）を数学的に求めることができる。

▼ XY、YZ、XZ 平面への投影

[文献E]

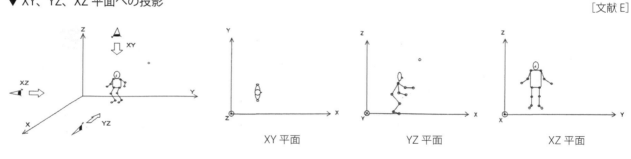

XY 平面　　　　　YZ 平面　　　　　XZ 平面

（2）2次元映像分析　two-dimensional [2D] motion analysis

- 動作分析の簡便な方法として2次元分析法が用いられる。

- 2次元分析法が適用できる条件は以下の通り。
  - ①1つの運動面、1つの運動軸で表現しうること
  - ②非対称運動ではないこと
  - ③体幹のひねりなど詳細な分析でないこと

- 分析コスト　2次元分析 ＜ 3次元分析

高い場所に設置したカメラ

※1台のカメラでは近くの物は大きく写り、
　遠くの物は小さく写る。

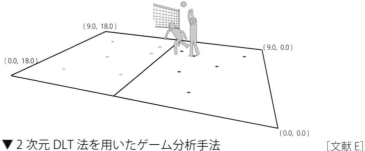

(9.0, 18.0)　　　　　　　(9.0, 0.0)

(0.0, 18.0)

(0.0, 0.0)

▼ 2次元DLT法を用いたゲーム分析手法

[文献E]

5）映像分析の基礎用語

（1）座標系

- 身体のある部分や重心点の運動を記述するには、時間と共に変化する物体の所在を表す点の位置座標値を示せばよい。
- 座標系には固定座標系や移動座標系などがある。

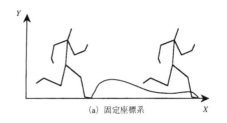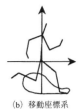

(a) 固定座標系　　(b) 移動座標系

［文献D］

（2）キャリブレーション　calibration

- キャリブレーション（較正または校正）とは、一般に測定器が示す値と真の値の関係を求め、目盛の補正などを行なう作業のことをいう。
- 映像解析では映像上の座標値を実空間上の位置座標値に変換する手続きのことである。
    → 画面の○ピクセルは△mか？

（3）デジタイズ　digitization

- 画像の一部を数値的な位置データに変換する作業。手動デジタイズと自動デジタイズがある。

（4）撮影速度

- 動画の再生などの品質に関する指標で、画面のコマ（フレーム）が新しく書き換えられる頻度を示す値のこと。
- 撮影速度の単位は「fps」（frame per second）で、1秒間にどれだけのフレームが更新されるかという値で表される。
- 撮影速度はフレームレートとも呼ぶ。
    → 標準ビデオカメラ　30〜60fps　　ハイスピードカメラ　120〜100,000fps以上

（5）シャッター速度

- シャッター速度（シャッタースピード）とは、光が撮像素子にあたる時間である。露光時間ともいう。
- シャッター速度を速くすると、光が撮像素子にあたる時間は短くなり、シャッター速度を遅くすると、光が撮像素子にあたる時間は長くなる。
- シャッター速度が速いと、動いている被写体がブレずに撮影できるが、シャッター速度が遅いと被写体が動いて被写体ブレになる。
- 露出（画面の明るさ）は主にシャッター速度と絞り値の影響を受けるが、絞り値が等しければ一般にシャッター速度が速いほど暗く写る。

（6）3次元光学モーションキャプチャシステム

- モーションキャプチャシステムには「光学式」の他にも、「磁気式」、「機械式」、「センサ式」、などの方式がある。
- 一般的には身体に貼付した反射マーカ位置を複数台の赤外線カメラで計測する「光学式」が普及している。
- 「光学式」システムの欠点は、反射マーカが必ず複数台のカメラから見えていなければならないという原理的な問題がある。このため複雑なスポーツ動作を測定する際には多数のカメラが必要でシステムは非常に大規模かつ高額であることが欠点と言える。

6）映像分析の実際

（1）フォームの違い

[例1] ラグビーのパントキック動作の違い

● ロングパント　　　　　　　　　　　　　● ハイパント

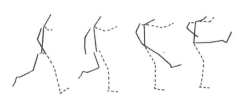

[文献 A]

[例3] サッカーのフォワードとバックスのインステップキック動作の違い

● フォワード選手　　　　　　　　　　　　● バックス選手

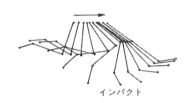

インパクト　　　　　　　　　　　　　　　インパクト　　　　　　[文献 A]

[例3] テニスのフォアハンド・グランドストローク動作の違い

● 上手な人（熟練者）A　　　　　　　　　● 下手な人（未熟練者）B

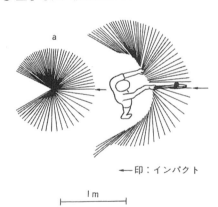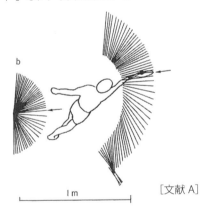

←印：インパクト

1m　　　　　　　　　　　　　　　　　　　1m　　　　　　　　　　[文献 A]

（2）フォームの再現性

[例] ボウリングの投動作におけるボールの移動軌跡
　　　熟練度の異なる選手が 10 回ずつ投げた場合

● アベレージ 160　　　　　　　　　［文献 F］

リリース

● アベレージ 200（熟練者）　　　　　　　● アベレージ 120

リリース　　　　　　　　　　　　　　　　リリース

50cm

50cm

（3）フォームの共通点

［例1］ラグビーのパントキック動作の違い

● バドミントンのスマッシュ動作

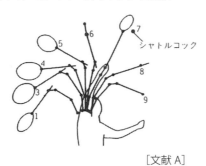

［文献A］

● バレーボールのスパイク動作

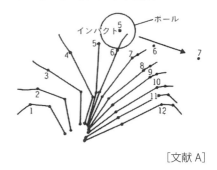

［文献A］

（4）合理的なフォーム

［例］野球の投球動作における身体各部の速度変化

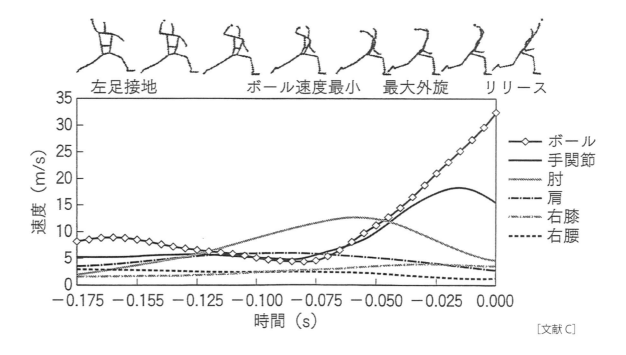

［文献C］

［参考］ムチ動作としなやかな動き

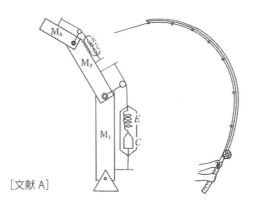

［文献A］

身体をムチの様に動かすことによって、末端部の速度を高めようとする動作を**ムチ動作**という。

ムチ動作では身体の近位部から遠位部にかけて速度が徐々にピークを迎え、かつ漸増してゆく。

ムチ動作は**運動連鎖**、**キネティックチェイン**とも呼ばれる。

（5）歩行分析

① 歩行周期

　歩行において、右踵が接地してから、次に右踵が接地するまでの動作を一歩（step）という。その距離が歩幅（step length）である。片側の踵が接地して、次に同側の踵が再び接地するまでの動作を重複歩（stride）といい、この一連の動作を歩行周期（walking cycle）という。この時の両踵間の幅を歩隔（stride width）という。単位時間内の歩数を歩行率（walking rate）あるいはケイデンス（cadence）という。歩／分（step／min）や歩／秒（step／sec）で表す。歩行率は、身長、下肢長、年齢、性別によって異なる。

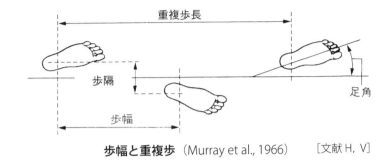

歩幅と重複歩（Murray et al., 1966）　　［文献 H, V］

　歩行周期（walking cycle）は、踵接地、爪先離地の時期を基準として、立脚相（stance phase）と遊脚相（swing phase）に分けられる。自然歩行においては、立脚相は、歩行周期のうち、およそ60%の時間を占めている。踵接地0%を起点にして、足底接地は15%、踵離地は30%、爪先接地は60%の時点で起こる。遊脚相は歩行周期の40%に当たる。

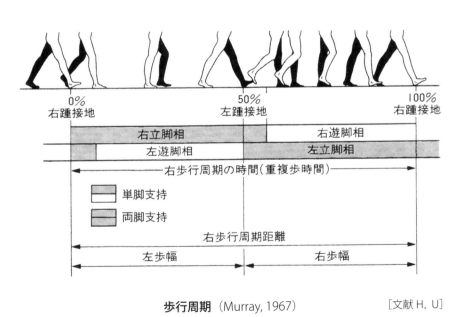

歩行周期（Murray, 1967）　　　　　　［文献 H, U］

② 歩行時の関節運動

　股・膝・足の関節は、歩行周期の各相で、それぞれ屈曲と伸展の運動を行なっている。その組み合わせはかなり複雑であるが、健常者の歩行は、規則性のある定型的なパターンとなっている。股関節においては、1回の歩行周期に、伸展と屈曲がそれぞれ1回起こる。膝関節は、1回の歩行周期に、2回の伸展と屈曲を行う。足関節は、1回の歩行周期に2回の屈曲（背屈）と伸展（底屈）を行う。

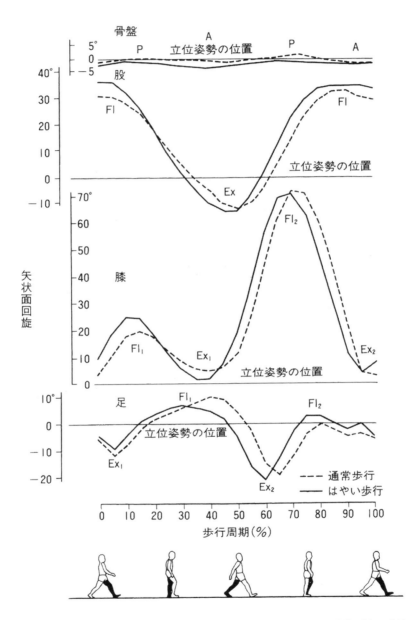

歩行時の骨盤傾斜および股・膝・足関節の矢状面における運動（左下肢）
（Murray et al., 1966）　　　　　　　　　　　　　　　　　　　　　　　　　　　　　［文献 H, V］

（6）走幅跳びの重心運動

跳躍時の重心

　　走幅跳びの M. パウエル選手（世界記録保持者）と C. ルイス選手の重心を調べた。この時の記録が 8.95m で当時の世界記録を樹立した。M. パウエル選手の特徴は、踏切で高く跳ぶことであり、垂直初速度と跳躍角が大きい。一方の C. ルイス選手は、水平速度が大きく、低空飛行となっている。日本の MM 選手は、助走速度と水平速度が遅い。

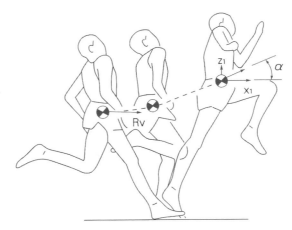

M. パウエル選手の踏切（金子・藤原，2020）　　［文献 A］

パウエルとルイス選手の走幅跳び（深代ら，1992）

選手名	助走	水平初速度	垂直初速度	踏切中の水平速度の減少	跳躍角 $\alpha°$	最高記録 (m)
M. パウエル	11.00	9.09	3.70	1.91	23.1	8.95
C. ルイス	11.06	9.72	3.22	1.34	18.3	8.91
日本 MM	10.42	8.96	3.21	1.46	19.7	8.13

（速度：m/秒）

［文献 A］

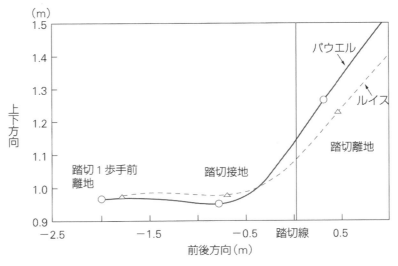

パウエルとルイスの踏切中の重心移動（深代ら，1992）［文献 A, R］

[参考] 野球の投球動作における身体各部の速度変化（中学生と一流投手の比較）
　　　 どちら一流選手でしょうか？　両者の違いを考察してみよう！

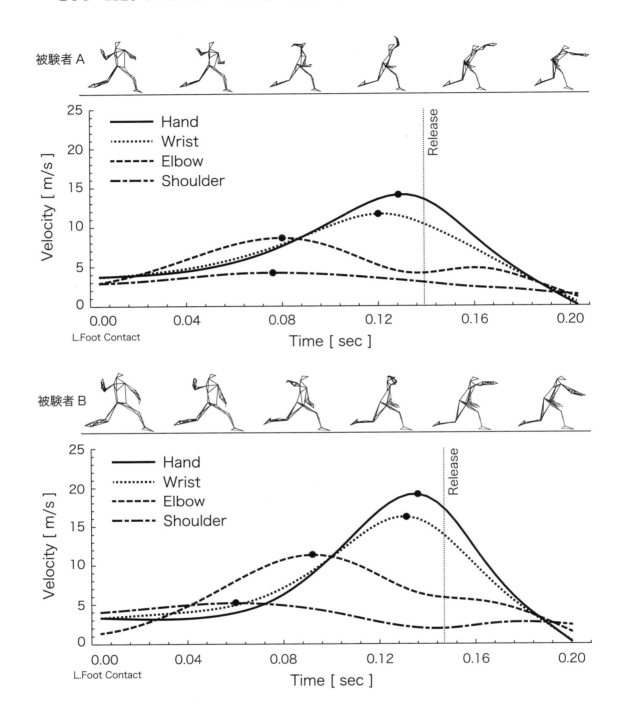

最大値				
	肩	肘	手首	手
被験者 A	4.22	8.62	22.64	14.06
被験者 B	5.19	11.35	16.18	19.17

単位：m/sec

最大値出現時期				
	肩	肘	手首	手
被験者 A	0.076	0.080	0.120	0.128
被験者 B	0.060	0.092	0.132	0.136

単位：sec

2．筋電図

1）筋電図の基礎

（1）筋電図とは

　　スポーツ運動に限らずあらゆる身体運動は、中枢神経からの指令を受けて筋が収縮することによって生じる。筋が収縮する際には、神経インパルスによって活動電位が発生する。筋電図（Electromyography：EMG）とは、この活動電位を記録したものである。筋電図を計測することで、対象とする個々の筋活動のタイミングや、活動の強さなどを知ることができる。

（2）表面筋電図法

表面筋電図法

　　筋電図の計測方法には様々あるが、スポーツ運動の計測では簡便で侵襲性が低い「表面電極法」を用いることが多い。表面電極法では皮膚表面に電極を貼付するため、比較的広範囲の活動電位を記録することになり、複数の運動単位の活動電位を記録する。

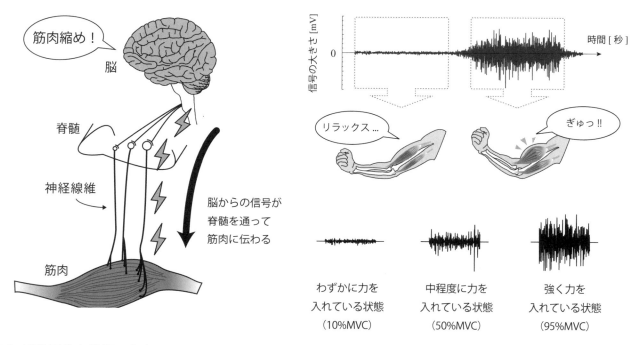

（3）活動電位と発揮した力の関係

　　筋が発揮する力は各運動単位が発揮する力の総和であるので、① 運動単位へのインパルスの頻度、② 活動している運動単位の数、③ 活動している運動単位のサイズの３つの要因によって決定される。

　　筋電図に現れる活動電位の量と発揮筋力との関係は比例関係にあり、発揮した力が増大するにしたがって、筋の活動電位は直線的に増大の傾向を示す。

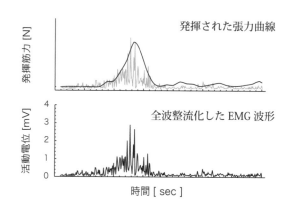

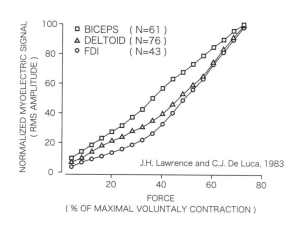

2）筋電図の実際

（1）筋放電パターン

身体運動時の映像解析によるフォームやゴニオメーターによる関節角度等の運動学的データなどを筋電図と同時に記録すると、どの時期に（timing）、どの筋が（spacing）、どの程度（grading）働いているかがわかる。

例えば、右図のような垂直跳びの踏切動作では、まず、反動をつけるために膝を屈曲させる局面（伸展筋の伸展局面）があり、次に続く膝伸展時には、大腿四頭筋（直筋）に強い放電（①）がみられ、離地直前には腓腹筋が働く（②）ことがわかる。

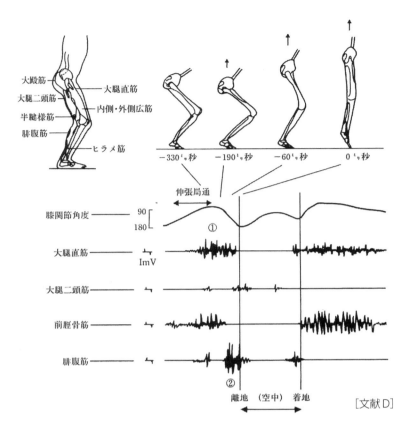

[文献D]

（2）筋放電量の定量化（数値化）

筋電図で計測された絶対筋放電量は、複数の筋間、被験者間でそのままでは比較できない。比較するためには最大随意収縮（MaximamVoluntary Contraction：MVC）時の筋放電量で規格化（%MVC化）するなどの手続きが行なわれる。また、筋放電量を定量化するためには① 整流化（正負の信号が混在した筋電図を絶対値化すること）、② 平滑（全波整流した波形を適当なフィルタで滑らかにすること）、③ 積分と平均（一定時間内での平滑化された全波整流の面積を求めること）などの処理を行なう。

（3）筋電図分析の観点

① 筋放電の出現、消失が動作のどの時点に相当するか明らかにする。

② 放電が現れている筋が主動筋として働いているのか、協力的な働き方をしているのか、あるいは関節の固定のために働いているのかを考察する。

③ 協応して働いている筋群、拮抗筋、二関節筋の放電パターンについて検討する。

④ 被験者間や同一被験者における異なる運動課題の放電パターンの差異について検討する。

⑤ 筋放電量と筋活動量、発揮された張力（筋力）及びエネルギーとの関係に着目して検討する。

（4）筋電図のその他の利用法

① 誘発筋電図（evoked EMG）

末梢神経や筋の機能や働きを分析する方法として、筋に電気刺激を加えて、その刺激に対する反応を分析する。

② バイオフィードバック・トレーニング（biofeed-back training）

筋活動などの生理機能の刻々の変化を音や光の信号にかえて、被験者にフィードバックしてやると、被験者自身がその信号を手がかりとして生体の機能的変化を弁別し、生体機能を制御できるようにするトレーニング法のこと。

（5）様々な運動時の筋電図

① 歩行時の筋電図

　歩行における下肢の筋活動は、機能面から見て、安定性、加速、減速の様態を反映している。HC は踵接地、TO は爪先離地である。横軸は 1 歩行周期を 100% としている。縦軸は筋の最大電気活動（最大随意収縮時の筋電図）に対する率（%MVC）として表示している。

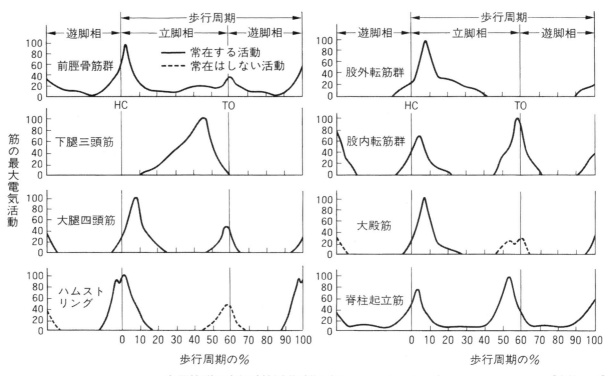

主要筋群の歩行時筋活動時期（Eberhart et al., 1954）　　　［文献 H, T］

② 水泳時の筋電図

　クロールの腕かきに着目して筋活動を観察する。記録の前半は手の入水から水をかいている時、後半は手を前方へ送る時であり、筋名は放電開始の順に並んでいる。オリンピック選手は、前半の広背筋、大円筋、上腕三頭筋の活動が顕著である。これは水をキャッチして後方へかく動作に対応し、集中的に力を発揮していることを示している。一方、大学生は、後半の三角筋、僧帽筋の活動が顕著である。これは手を前方へ送る動作に対応し、無駄なエネルギーを使っていることを示している。

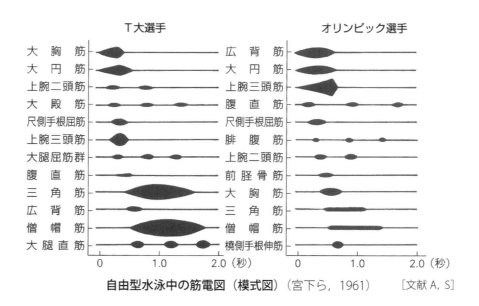

自由型水泳中の筋電図（模式図）（宮下ら，1961）　　　［文献 A, S］

3．床反力分析

1）フォースプレートを用いた床反力分析

（1）フォースプレートとは

　　フォースプレート［force-plate］とはプレート上にかかる力（地面反力または床反力, ground reaction force）の3分力（Fx, Fy, Fz）と3モーメント（Mx, My, Mz）を同時に計測することができる装置である。また、フォースプレートを使えば力の作用点（COP：Center of Pressure、圧力中心点）と作用点の垂直軸周りのトルク（Tz）を演算で求めることができる。

　　フォースプレートには床や地面に埋め込まれた埋設型と移動可能な可搬型がある。また、計測方式には水晶センサ方式とひずみゲージ方式がある。

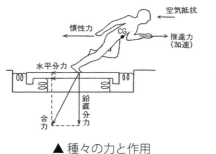

▲ 種々の力と作用

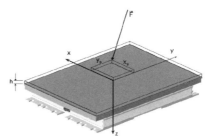

▲ フォースプレート（圧力板）

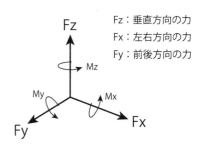

Fz：垂直方向の力
Fx：左右方向の力
Fy：前後方向の力

▲ 3分力と3モーメント

（2）歩行中の床反力

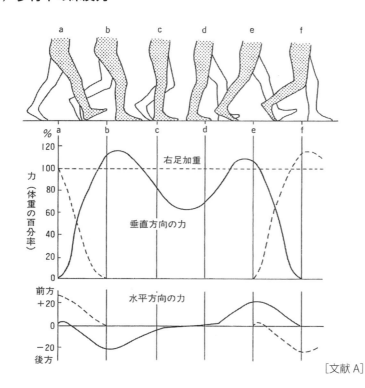

［文献 A］

▼ 歩行中の床反力変化（Inman, V. T.）

a. 右踵が着床：右足荷重が増加する。

b. 右足に体重が乗ってくる：
　体重上昇はわずかな加速度を
　伴うため、反力は体重を超える。
　（＋20％）。

c.～d. 上体が前下方に移動：
　床反力は体重より小さくなる。
　（－35％）

e. 左踵が着床：
　体重が衝撃的にかかるため、
　反力は体重を超える（＋10％）。

（3）力の作用点COP

COP：Center of Pressure
圧力中心点

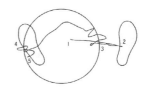

▲ ゴルフスイングにおける COP 位置の軌跡　　　［文献 A］

2）床反力分析の実際

（1）運動量と力積

　　同じ人が同じ高さから落下する場合は、運動量（mv：質量×速度）が一定である。したがって、着地の衝撃（F）は力の作用時間に反比例する。足のクッション（屈曲）を使って時間（t）を長くすればショックが少ない。

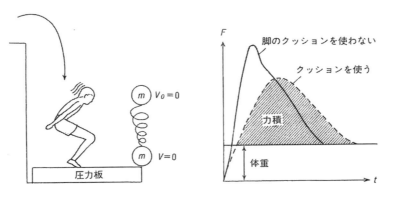

▲ 着地時の運動量と力積（クッションの効果）　　　　　［文献A］

（2）床反力と重心速度・変位の関係

　　床反力を時間積分することにより、身体重心の速度を求めることができる。求めた身体重心速度をさらに時間積分すると重心の変位が算出できる。すなわち、床反力と重心の変位とは、同一の現象を異なった角度からみているにすぎない。したがって、陸上での運動のできばえは、床反力をいかにたくみに利用するかにかかっていると言える。

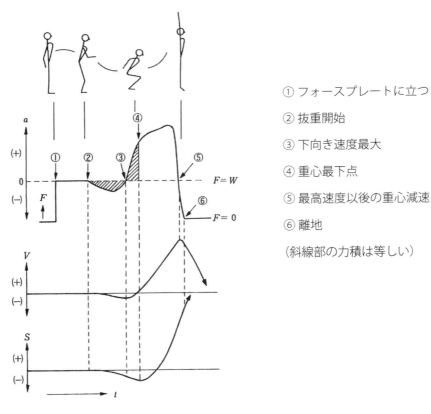

① フォースプレートに立つ

② 抜重開始

③ 下向き速度最大

④ 重心最下点

⑤ 最高速度以後の重心減速

⑥ 離地

（斜線部の力積は等しい）

▲垂直跳びの地面反力と重心の速度・変位　　　　　［文献A］

（3）様々な運動時の床反力

① 歩行時の床反力

　歩行時の床反力について、健常歩行では踵から着地する。一方、走行の着地様式には個人差があり、長距離走者には踵接地型が多く、短距離走者には中足部あるいは前足部着地型が多い等の種目特性もみられる。また、速度が増すにつれて、前足部で着地する傾向が強まる。

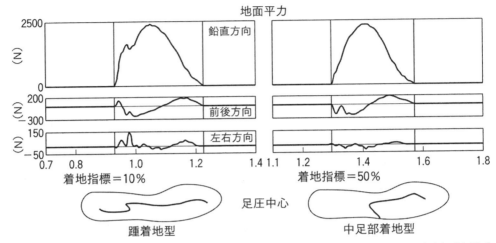

踵着地型走行と中足部着地型歩行の地面反力（Zatsiorsky, 2000 より改変）［文献 J］

② 疾走中の床反力

　走路にフォースプラットフォームを埋め込んで、オリンピック級のランナー18名の着地時を含む接地期の力曲線を調べるとともに、フィルム分析によって国際大会に出場した90名の選手について、着地が足のどの部分で行われているかを検討した。スプリンター（体重63kg）が9.5m/sで走った時の例では、着地方向の力曲線に着地時の強い衝撃波がみられ、着地が踵から行われていることを示している。一方、400m専門のスプリンター（体重80kg）が9.2m/sで走った時の例では、垂直方向の力曲線に着地時に強い衝撃がみられないことが特徴であり、踵が終始地面から浮いた状態で保たれている。

　これらは、2つのタイプの典型的な例を示しているが、国際大会の実際のレース中の様子では、200mまでのレースにおいては、28%の選手が踵から接地し、56%の選手が母指球で接地していた。踵から接地する選手の割合は、距離が長くなるに従って増加し、5000m以上のレースでは、64%の選手が踵から接地していた。

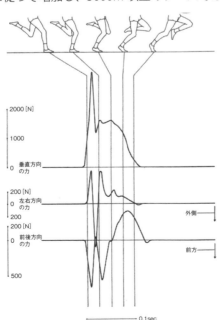

**スプリンター［体重63kg］が9.5m/s
で走ったときの地面にかかる力**
（payne, A. H. 1983）　　　　　［文献 L］

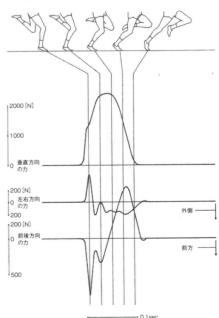

**スプリンター［体重80kg］が9.2m/s
で走ったときの地面にかかる力．踵が
着地しない走り方の走者の場合**
（payne, A. H. 1983）　　　　　［文献 L］

③ 打撃時の床反力

打撃点に加わる力（衝撃力）は、野球のバッティングやゴルフのショットでは 10,000N（1,000kgw ＝ 1 トン）にもなるとされている。

種　　目	インパクト時間(秒)	衝撃力(N)	
野　球（硬　　式）	0.001	10,000	（筑波大）
ゴルフ（ドライバー）	0.0004 〜0.001	7,000 〜10,000	（河　村）
テニス（硬　　式）	0.002	1,500	（渡辺と 池上）
テニス（軟　　式）	0.003	500	

種目別，インパクト時間と衝撃力　　［文献 A］

打撃時の 3 方向床反力をみると、打者は打撃中に、荷重を左→右→左と移動させ（下段）、右足荷重の時、右足で右に力を加え、体を投手方向に向け（中段）、フォワードスイングでは右足と左足で前後方向に引っ張り（上段）、体を捻る。

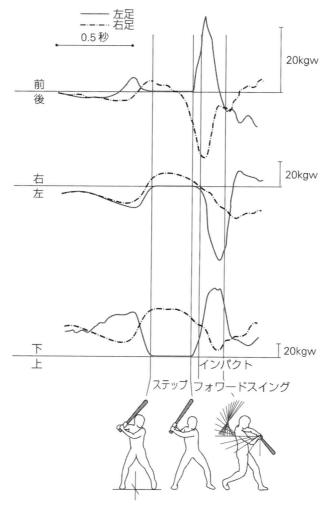

打撃時の 3 方向床反力（平野と宮下，1983）　　［文献 A, W］

第4章　様々なスポーツバイオメカニクス研究

1. パワーとその測定

$$パワー = \frac{仕事}{時間} = \frac{力 \times 距離}{時間} = 力 \times \frac{距離}{時間} = 力 \cdot 速度$$

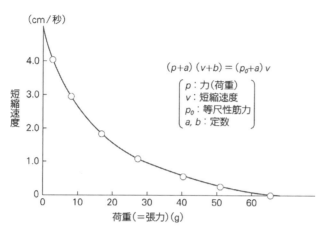

$$(p+a)(v+b) = (p_0+a)v$$

p：力（荷重）
v：短縮速度
p_0：等尺性筋力
a, b：定数

摘出筋における力 - 速度関係（Hill, 1938）　　　［文献 O］

最大刺激で筋を収縮させると、荷重が大きければ大きな力が発揮されるが、収縮速度は小さい。逆に、負荷が軽ければ、収縮速度は大きくなるが発揮される力は小さい。このような法則性を力 - 速度関係という。

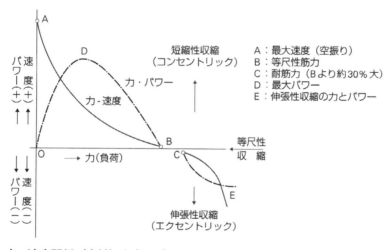

A：最大速度（空振り）
B：等尺性筋力
C：耐筋力（Bより約30%大）
D：最大パワー
E：伸張性収縮の力とパワー

短縮性収縮（コンセントリック）

力・パワー

力 - 速度

等尺性収縮

力（負荷）

伸張性収縮（エクセントリック）

力 - 速度関係（実線）と力 - パワー関係（一点鎖線）（金子・藤原, 2020）
［文献 A］

力と速度を掛け合わせたものをパワーという。力 - 速度関係に付随して、力 - パワー関係を考えることができる。「馬力」とは、英国流のパワーの単位である。

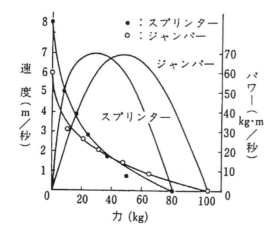

●：スプリンター
○：ジャンパー

ジャンパーとスプリンターの膝伸筋における力 - 速度関係とパワー
（川初と猪飼, 1972）
［文献 I, Q］

ジャンパーとスプリンターのパワーをみると、最大パワーはほぼ等しいが、最大パワーの出現する力と速度が違う。つまり、ジャンパーの方が比較的強い力（重い荷重）の条件下で最大パワーを発現している。その直接的な原因は、両種目選手の最大筋力と最大速度が逆転するかたちでの、力 - 速度関係の違いにあるといえる。

68

69

2. 筋疲労研究の歴史

　力を繰り返し発揮すると、筋力は次第に低下してくる。これが筋疲労である。筋疲労という現象はごくありふれたことであり、日常の中で容易に体験できることである。疲労の研究は極めて古い歴史を持っている。おそらく人類の誕生とともに、人間は生命の維持のために疲労と戦ってきたに違いない。

　疲労の研究が飛躍的に進んだのは19世紀末のモッソーの出現以降である。彼の先駆的な仕事は現在の疲労研究の原典であり、筋疲労の特性がほとんど記載されている。モッソーは疲労を定量的に捉えるための装置を考案し、ギリシャ語の「仕事を記録する」という意味からエルゴグラフと命名した。彼は疲労の実験には手の指の筋肉が最適であるとして、中指だけで作業ができるような装置を考案した。

世界で最初の疲労研究. エルゴグラフ（「仕事を記録する」の意味）

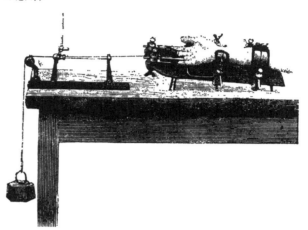

モッソーのエルゴメーター（モッソー，1890）　［文献K］

　2秒に1回のテンポで3キログラムの重りをへばるまで中指で持ち上げるエルゴメーター作業を行なった記録例では、特筆すべき知見が得られている。それぞれの収縮高の頂点を結ぶと疲労曲線になる。下図のように、収縮高の減少速度が小さいタイプと、作業開始時には高い収縮高を示すが減少速度が大きいタイプに分けられる。前者は持久型（スタミナ・タイプ）、後者は瞬発型（パワー・タイプ）になる。

疲労曲線

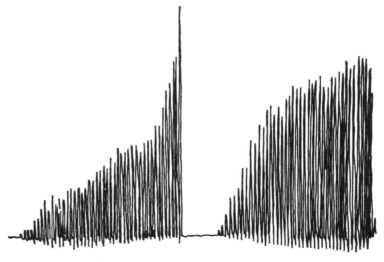

疲労曲線の典型例（モッソー，1890）　　　　　［文献K］

3. 筋力発揮における生理学的限界と心理学的限界

　　ヒトの最大筋力には、生理学的限界と心理学的限界がある。前者は、能力としての文字通りの限界であり、後者は、日常、最大のつもりで発揮した際の能力である。両者の間には20-30%の差があると考えられているが、トレーニングによって、心理学的限界を生理学的限界に近づけられる可能性がある。叫び声を出すと最大筋力が増すことが知られており、重量挙げや投擲競技で大声を出すのは、無意識にこの効果を狙っていると考えることができる。これらはいわゆる"火事場の馬鹿力"であり、今後のさらなる研究、現場への応用が期待される。

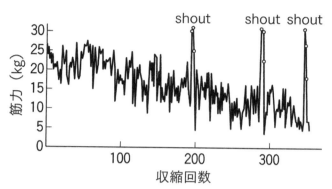

最大筋力に対する叫び声の効果
（猪飼・石井，1961）　　　　　　　　[文献 J, N]

4. 動きの"経済性"　ランニングを例に

　　力学的エネルギーがどのようにパフォーマンスに変換されたかを評価するための指標として力学的エネルギー利用の有効性指数（effectiveness index of mechanical energy utilization）が提案されている。

有効性指数＝
パフォーマンスあるいは有効な力学的エネルギー（仕事）／力学的エネルギー（仕事）

　　有効性指数の特徴は、効率とは異なり、力学的エネルギー、仕事、パワーなどの力学量のみではなく、運動課題に応じて跳躍記録、疾走タイム、さらに得点のようなパフォーマンスを示す適切な変量を用いて、その技術を評価できることである。また、試合や競技会のように生理的エネルギーの測定が困難な場合でも、VTRなどにより動作が測定できれば適用できるという利点がある。

　　同じスピードで走ったにも関わらず、走者Bでは走者Aよりも酸素摂取量が少ないことから、走者Bの方が経済的な疾走速度を身につけていると評価できる。経済性は、生理学的観点からの動きの指標と言えるが、出力された力学的エネルギーがどのように利用されたかを示すものではない。

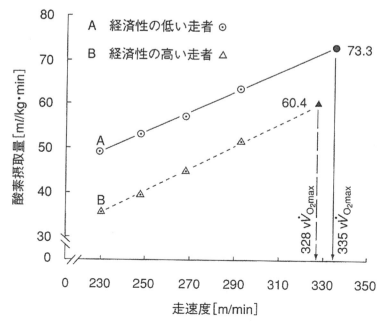

ランニングの経済性 （Daniel, 1985）
[文献 D, M]

73

5. 伸張 - 短縮サイクル（SSC）ドロップジャンプの分析

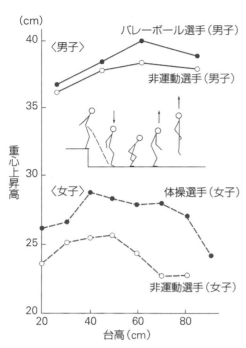

ドロップジャンプの方法と効果
（Komi と Bosco，1978）　　　　　　　　［文献A］

ドロップジャンプの反動効果は、非運動選手と比較して、運動選手で大きい。ドロップジャンプは、プライオメトリックトレーニングとして活用されている。

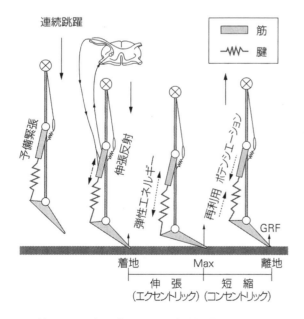

足関節のホッピングにおける筋腱複合体のふるまい
（深代，2000）　　　　　　　　　　　［文献P］

ホッピングでは、下腿三頭筋と腱の筋腱複合体による伸張（エキセントリック収縮）と短縮（コンセントリック収縮）が繰り返される。この伸張期に弾性エネルギーが貯えられ、それが短縮期に利用される。

終 章　　スポーツバイオメカニクス研究のすすめ

1．研究テーマを考える。

1）科学的説明とは何か

科学で言う説明：よく分からない事象・対象を「それが何であるか」を明らかにすること。
→　世の中の知識・情報の量を増やす行為である。（≠解説）

　　＜参考＞　すでにこの世に正解があり、それを知っている人（あるいは書物）が存在していて、
　　　　　　　その正解や知識を知っている人が知らない人にそれを伝達する行為は「解説」という。
　　　　　　　解説はこの世に新しい知識が増える分けではない！
　　　　　　　「金メダルの取り方」を説明する？　解説する？

説明の三種類
　　　① 原因を突き止めること（なぜ？に答える：因果関係の発見）
　　　② 存在する理論から、新たな高次な理論を導くこと（複数の理論を統合する）
　　　③ 正体を突き止めること（その現象をミクロに捉える）

科学的「説明」という営みによって、「何だかよくわからないが、世の中はそうなっているんだ」という、
ただ、私たちが受け入れなければいけない種類の事柄（Bare Fact：ありのままの事実）が少しずつ、減っていく！

2）研究の意義

科学的説明　←　（科学的）研究によって導き出される。
一般に良い（価値ある）「研究（論文）」は以下の三つを兼ね備える。
　　　① 未解決の問題に取り組んでいる。
　　　② 問題の解決を多くの人が望んでいる。
　　　③ その問題の解決に、何らかの新しい貢献をしている。

3）研究の良し悪し？

ある学会誌の「研究論文の質」を問う三つの尺度
　　　① 新規性　→　従来にはない"新しさ"を持っていること
　　　② 有用性　→　有益な"知"の創造であること
　　　③ 客観性　→（科学的な行為である前提として）"論理的な明解さ"と"正確さ"

4）研究テーマと論文タイトルは違う！

研究テーマ　　→　明らかにしたい事柄、あるいは「仮説」を含んだ研究の対象を表したもの
論文タイトル　→　方法や結果を包括し、実施した研究の内容を表したもの（いわば完成版）

　　　▽ 良いタイトルとは　　① わかりやすい　② 論文の中身が想像できる　③ 興味を惹く
　　　▽ タイトルに入れる情報　① 取り組んだ問題　② 着眼点　③ 研究対象　④ 研究手法
　　　　　　　　　　　　　　　⑤ 研究結果（考察・結論を含む）
　　＜論文タイトルの例＞
　　　・テニスの研究
　　　・テニスのボレーに関する研究
　　　・テニスのフォアハンドボレーにおけるグリップの握り方の研究
　　　・テニスのボレーはインパクト前後のグリップの握り方が重要である。※
　　　・テニスのトッププレーヤーはボレーの時に小指から握る。※
　　　（※ 仮説や結論を含んだタイトル）

5）研究テーマを決める

- ・経験的・体験的素材の重要性
- ・興味、関心、使命感　→　問題の整理（原因と結果）
- ・その研究は実現可能か？
- ・仮説や予測を含んだテーマは進めやすい！
- ・なぜ？を問うには事前に何を知りたいかについて考えておく必要がある。

　様々な発想法：KJ法、マインドマップ、マンダラート etc.　→　関心事を掘り起こす！

2．研究の手順

- ・手順 → プロセス、段取り、流れ
- ・経験的な「素材」「事実」「疑問」からスタートし、独自の新しい理論を導き出すためには、
  どのような手順が必要か？
- ・仮説演繹法の実際
- ・実験や調査は自分が立てた仮説が正しいかどうかを確認する作業である。
  何か実験や調査をすれば、新しい事実が見つかるわけではない！

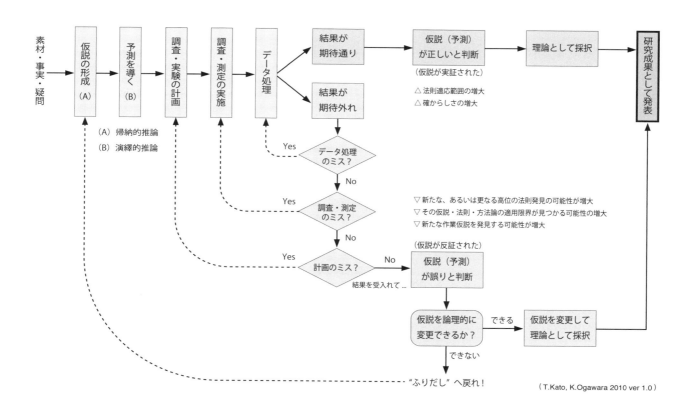

（T.Kato, K.Ogawara 2010 ver 1.0）

3．研究の企画を練る

　一般的な「研究計画書」、「実験計画書」を作成する前の段階として、次頁の「研究企画書」を書いてみましょう。企画書の作成にあたっては、研究の独立変数と従属変数を吟味をして、測定の条件や測定項目、分析の観点を整理します。これまで学んだスポーツバイオメカニクスの知識を総動員して、ワクワクするような研究をデザインしてください。ひょっとしたらこれまでの常識を覆すような身体運動の秘密や新しいスポーツ指導法などが見いだせるかもしれません。

■ 研究企画書

学生証番号/氏名：

０．研究タイトル

１．研究テーマ （ → タイトルではなく，仮説が見えるような表現にします．〜のはずだ！）

２．この研究テーマの背景 （ → どうしてこのテーマに決めたか？）

３．明らかにしたいことは何か （ → この研究の独立変数と従属変数を設定してみる。）

	独立変数 (いうなれば物事の原因...)	従属変数 (いうなれば物事の結果...)
変数名	⬇	⬇
具体的定義		

チェック１＞　従属変数に影響する他の重要な変数には何が挙げられるか？

　　　　　　　　ここでの配慮が計画の精度を決定づけるので極めて重要です！　精一杯思いを巡らせます。

チェック２＞　従属変数に影響する他の重要な変数をどの様に統制するのか？

　　　　　　　　この処理の程度で研究の精度が決まります。創意工夫が極めて重要です。

チェック３＞　明らかにする際の問題点は何か？

チェック４＞　その問題点をどの様に解決するのか？

チェック５＞　見通しはどうか？　できあがりの図・表を模式的に記述してみる。

※ すべてのチェック項目を確認し、実現可能であれば、詳細な研究計画を作成する。

引用・参考文献

文献 A：スポーツ・バイオメカニクス入門 第 4 版　絵で見る講義ノート , 金子公宥／藤原敏行 , 杏林書院，2020

文献 B：跳ぶ科学（スポーツ科学ライブラリー），深代千之，大修館書店，1990

文献 C：運動科学の演習問題―動くからだの基礎学習（PH 選書），大道等，大修館書店，1996

文献 D：スポーツバイオメカニクス 20 講，阿江通良／藤井範之，朝倉書店，2002

文献 E：FrameDIAS V 取扱説明書，DKH

文献 F：投げる科学（スポーツ科学ライブラリー），桜井伸二，大修館書店，1992

文献 G：スポーツバイオメカニクス（はじめて学ぶ 健康・スポーツ科学シリーズ④），宮西智久編著・岡田英孝／藤井範久，化学同人，2016

文献 H：基礎運動学 第 6 版 補訂，中村隆一／斉藤宏／長崎浩，医歯薬出版，2013

文献 I：パワーアップの科学，金子公宥，朝倉書店，1992

文献 J：スポーツ動作の科学，深代千之／川本竜史／石毛勇介／若山章信，東京大学出版会，2010

文献 K：疲労と体力の科学（講談社ブルーバックス），矢部京之助，講談社，1986

文献 L：走る科学（スポーツ科学ライブラリー），小林寛道，大修館書店，1990

文献 M：Daniels J（1985）A physiologist's view of running economy, Med. Sci. Sports Exerc.17：332-338

文献 N：体育学研究 6 巻，猪飼道夫／石井喜八，一般社団法人日本体育学会，1961

文献 O：Hill AV（1938）The hest of shortening and the dynamic constants of muscle. Proc. Roy. Soc. Lond, 126：136-195

文献 P：体育学研究 45 巻，深代千之，一般社団法人日本体育学会，2000

文献 Q：体育学研究 17 巻，川初清典／猪飼道夫，一般社団法人日本体育学会，1972

文献 R：Japanese Journal of Sports Science 11，深代千之／若山章信／伊藤信之／小嶋俊久／山本恵美／阿江通良，日本バイオメカニクス学会，1992

文献 S：Hay JG（1973）The biom echanics of sports techniques. Prentice-Hall International, Inc.

文献 T：Eberhart HD, Inman VT, Bresler B. The principal elements in human locomotion. In PE Klopsteg, PD Wilson（eds）Human Limbs and Their Substitutes. McGraw-Hill, New York, 1954

文献 U：Murray MP. Gait as a total pattern of movement. Am. J. Phys. Med, 46：290-333, 1967.

文献 V：Murray MP. Kory RC, Clarkson BH, et al., A comparison of free and fast speed walking patterns of normal men. Am. J. Phys. Med,45：8-24,1966.

文献 W：身体運動 V―スポーツ・バイオメカニクスへの挑戦，平野裕一／宮下充一．日本バイオメカニクス学会編，杏林書院，1983

編著者紹介

Keita Ogawara

小河原　慶太

東海大学体育学部体育学科 教授
修士（体育学）
東海大学大学院出身、東京都生まれ

＜研究内容＞

スポーツ動作の習得・習熟過程に関する研究に取り組んでいます。人は新しい動きや技をどの様にして身につけ、上達するのでしょうか？ 3次元モーションキャプチャシステムや高速度ビデオカメラ等を使用した映像解析の手法を用いて、運動オンチを改善するヒントや得意な人をもっと上手にするような運動のコツを、その習得・習熟過程から見出そうとしています。

Hiroshi Yamada

山　田　洋

東海大学体育学部体育学科 教授
博士（体育科学）
筑波大学大学院出身、静岡県生まれ

＜研究内容＞

映像・地面反力・筋電図解析等を用いて、トップアスリートの動きの秘密やコツについて調べています。筋力計測や表面筋電図計測を用いて、ヒトの運動制御に関する研究を行っています。競技者と非鍛錬者に電気刺激を用いて、筋力発揮における「生理的限界と心理的限界」についても調べています。バイオメカニクスや電気生理学的な観点から、スポーツから日常動作に至るまで、その動作特性や生理機能の解明に関する研究を行っています。

マスコットキャラクター
バイメカ牛：モー君

スポーツバイオメカニクス研究室

15号館7階 体育学科第10研究室
スポーツ医科学研究所：運動学関係実験室、共同実験室

公式フェイスブックページ
https://www.facebook.com/tokai.u.sportsbiomechanics/

WSB：Workshop of SportsBiomechanics
モーキャ部：モーションキャプチャ部

わかった気になるスポーツバイオメカニクス　講義ノート

2020年3月30日　第1版第1刷発行
2024年2月20日　第1版第2刷発行

編　集　東海大学体育学部スポーツバイオメカニクス研究室
著　者　小河原慶太・山田　洋
発行者　村田信一
発行所　東海大学出版部
　　　　〒259-1292神奈川県平塚市北金目4-1-1
　　　　TEL：0463-58-7811
　　　　URL：https://www.u-tokai.ac.jp/network/publishing-department/
印刷所　株式会社真興社
製本所　株式会社真興社